Roland Zoss

Paradisola

PARADISOLA
die gefundene Insel

Roland Zoss
Poesie & Lieder mit Hörlinks

Impressum

Bibliografische Information der Deutschen Nationalbibliothek - CIP Einheitsaufnahme
Zoss, Roland:
Paradisola, die gefundene Insel / Roland Zoss
- BoD 2025
ISBN: 978-3-7693-0229-5
© 2025 by Roland Zoss, 1. Auflage
CH-3147 Mittelhäusern

Verlag: BoD · Books on Demand GmbH,
In de Tarpen 42, 22848 Norderstedt,
bod@bod.de
Druck: Libri Plureos GmbH, Friedensallee 273,
22763 Hamburg

Traumdrift *1981

5

In der Lagune deiner Augen
wo Reiher und Wal
sich Gutenacht sagen
hab ich die Ruhe
ausgeworfen
spinne mein Seemannsgarn
angle
nach dem Perlmutter
versunkener
Tage

Questa piccola isola (Lied) 1974

Ich höre die Totenglocken läuten
die alte Maria ist fortgegangen
sie, die sich Reben zog und Minze
wandert aus als letzte von zweitausend
die damals vor dem ersten Krieg
in den Wein das Feuer stampften
bis der Hunger in die Dörfer kam

Der Abend steigt in blauen Schatten
herauf zu meinem Platz am Berg
Der Mongoloide auf dem Heimweg
singt sein Liedchen vor sich hin
Wie wär ich einsam ohne ihn
auf dieser kleinen Insel

Morgen geht 's Leben wieder weiter
Herr Doktor verschreibt ein Aspirin
Der Priester vertreibt sich die Tage
im Kirchenschatten beim Kartenspiel
Und Angela – dreizehnjährig
ist Jungfrau und erwartet ein Kind

vom Heiligen Geist aus Australien

 Doch alle werden wacker beten
zur Santo Stefano-Prozession
Unter der süssen Last des Kreuzes
träumen die Burschen von Amerika
und alle Sünden werden vergeben
auf dieser kleinen Insel

 Die Nacht kommt schwarz aus Afrika
ein Föhn wäscht Gold in meinem Haar
Aroma von Lehm und Kaffee
Karawanen ziehen über das Meer
Im Hafen heult ein Motorboot auf
jäh falle ich aus meinen Sphären

 Im Dorf brennen schon die Gaslaternen
Der Weg zurück dorthin ist weit
bös zerstört von Wetter und Vieh
 Haben denn alle das Paradies verlassen
auch der grüne Engel im Olivenbaum?
Und ich bin bloss ein Fremder hier
auf dieser kleinen Insel?

Traumreise (Lied) Korsika 1973

Silbern das Schiff mit zwei weissen Segeln
der Kompass aus Feuer und Liebe gebaut
vorne am Bug die drei goldenen Regeln
haben wir uns der wiegenden See
anvertraut

Im Schweigen der Hände zergingen die
Wogen
die unsere Herzen zum Zittern noch
brachten
Hunger wurde mit Sanftmut bewogen
Die Grenzen zum Reich unsrer Liebe zu
achten

Die Nächte kamen wie die Tage waren
Der Regen, wenn die Winde sangen
In denen sich schillernde Vogelscharen
hoch in die blaue Freiheit schwangen

Bei Nacht war es der Stern des Südens
Unter dem sich unsere Träume trafen
um vom langen Reisen müde
in seiner Obhut einzuschlafen

Vom Himmel fielen brennende Grüsse
der Liebenden aus toter Zeit
hinab in die Tiefe unserer Küsse
und schenkten uns die Ewigkeit

Nach tausend Gebeten legten wir dann
im Sonnenland unserer Wünsche an
traten in den Tempel der Stille ein
das Singen der Segel erstarrt zu Stein

Lang schon hat sich der Wind ganz gelegt
der uns einst in die Weite geweht
Das Kind unsrer Liebe
steht staunend am Strand
und sucht in der Ferne sein Sonnenland

Dolce Vita 1985

«Azurro il pomeriggio»
Das Parfum der Seife
draussen unter der Dusche

Das T-Shirt mit dem Krokodil
Das Loch in meinen Shorts
eine Flasche Salina
ein Obsidian-Splitter

Gesundheit die ansteckt
Ohren die hinter die Worte hören
ein Kompass der nach herzwärts führt
Antennen für sinnliche Botschaften

Die Emsigkeit der schwarzen Bienen
Leas Sprungseil
ein Slip mit Rosen bestickt

im Morgen auf dem Berg
mit den Wolken fahren
abends am Meer
die Wellen zählen

Die Musik der Stille **1988

Ist die Stille ein goldbestickter Seidenschal
am Hals eines Unbekannten
oder eine Alp blau von Enzian?
Eine Radkappe funkelnd im Strassenverkehr?

Ist sie ein warmer Fenstersims
in einer fremden spanischen Stadt?
oder ein frierendes Kind im Winter?

Die Stille gross wie arabische Nacht
dunkler als der Blick einer Zigeunerin
tiefer als ein Föhrenwald
Sie ist ein Berg aus Kupfer
ein Kobold der tanzt auf Grossvaters Zunge
die Erinnerung an einen Vogel im Nebel

Die Stille ist ein Schloss in Schottland
ein weihnächtlicher Komet
ein Bissen süssgekautes Brot
ein abwesender Freund

Die Stille ist eine Musik
die niemand vernimmt
weil sie ewig erklingt

Lass dich nieder Sonnenstrahl (Lied) 1985

Lass dich nieder Sonnenstrahl
auf diesem Stück Erde im All
mit seiner Freude, seinen Plagen
guten und schlechten Tagen

Wirf deinen Glanz über die Meere
treib die Schatten aus der Seele
schein in die Fassaden der Banken
in die Einsamkeit der Kranken

Schick dem Gefangenen Licht und Helle
in seine graue Folterzelle
und brenne denen ins Gesicht
die sich vergessen im Sonnenlicht

Sei willkommen Sohn der Sterne
du mit unbegrenzter Wärme
hier bei Menschen, Pflanzen, Tieren
die bei Nacht und Neon frieren

Lass dich nieder Sonnenstrahl
in jedem Glas, jedem Stück Stahl
in allen Klingen die sich biegen
auf allen Lippen die sich lieben

Bleibe hier noch eine Weile
bringe Licht in diese Zeile
bring Musik in die Mandolinen
und ein Lachen in die Mienen

Scheine, scheine Sonnenstrahl
auf dieses Stück Erde im All
mit seinen Freuden, seinen Plagen
mit guten und schlechten Tagen

Gitarrenrausch *1981

Fingerkuppen
pilgern
den Rosenholzweg
melodieauf
im Wendelraum

Körperlos nah
dem Urklang

Doch
vorbei
hell höher getragen
im Saitenschlag
verwachsen
dem klingenden Pulsholz

Meditation 1988

Ich steige auf den höchsten Berg
träume mich zum kühlsten Pol
tauche auf den Grund der Meere
fühl mich in der Tiefe wohl

Ich stiebe hoch als Regengischt
und falle leis wie Schnee
schmelze auf im Augenblick
vom Scheitel bis zum Zeh

Ich ziehe meine Kleider aus
und schlüpfe aus der Haut
werde weiches warmes Licht
das seinem Selbst vertraut

Schon fahr ich fernen Sternen zu
treibe kreisend durch den Traum
und lasse los bis nichts mehr ist
als Stille – Weite – Raum

Der weisse Revolutionär der Nacht 1977

Der Mond der weisse Revolutionär der Nacht
verwandelt die Erde mit Licht
bringt den Wiesen kühle Schauer
den Arbeitern eine lange Rast
Das Meer atmet in mondenen Gezeiten
und die Frauen bluten

Der Mond ist das Licht
der anderen Seite der Welt
Eine Fackel den Heimkehrenden
den Huren und Herren
Ein Bote den Besoffenen
letzter Kumpan auf dem Heimweg
und für immer und ewig
auf der Seite der Liebenden

Eine Nacht nur vergeht ohne ihn
dann ist er wieder für alle da
bringt Tele-Visionen aus dem All
Der gute Fernsehtrabant der Erde
sendet Märchenbilder in die Stirn
und Abenteuerfilme in die Seele

Sendungen für Träumende
Landschaften mit blauem Horizont
Gärten ohne Grenzen
Melodien in der Luft
Zaubersprüche aus uralten Zeiten
Visionen aus dem All

Der Mond der weisse Revolutionär
bringt seine Botschaft den Ruhenden

Silberne Stunde der Dämmerung (Lied)1976

In der silbernen Stunde der Dämmerung
wenn die Farben spielen in der Bucht
wie ein Rudel närrischer Robben
dann stehst du da auf der Brücke der Nacht

Du strählst dein flammendes Haar im Wind
dass kupferne Träume fallen
du wirfst dein helles Lachen herab
an mein schlafendes Dichterherz

Ja ich war der rote persische Prinz
der in goldenen Schuhen Asphalt betrat
um fremde Lippen zum Sprechen zu bringen
sie vom Fluch der Lüge zu lösen

Doch wer hat die Melodien erkannt?
die von meinem Mund, die von meiner Hand?
Keiner war da der wahrhaftig verstand
aus Schweigen Gold zu machen

Wieder und wieder durchging ich die Bibel
nach heimlichen Zeichen für Schmalhüftige
nach verschlüsselten Anweisungen
zum Schutz empfindsamer Nervensysteme

In der silbernen Stunde der Dämmerung
Wie gut, dass dein siebter Sinn bei mir ist
der ausschlägt wie eine Wünschelrute
wo er an die Quellen des Wesens rührt

In der silbernen Stunde der Dämmerung
kommst du nach meiner Seele zu sehn
Oh, es ist gut, es ist gut nicht allein zu sein
in der silbernen Stunde der Dämmerung

Der blaue Wein deiner Augen   1978

Der blaue Wein deiner Augen
trunken hat er mich gemacht
auf dem Sims des Himmels

Angelötet ans Netz
internationaler Einsamkeit
kupfern
im flehenden Zentrum der Nacht

Zärtlichkeiten fliessen
wie Ebbe und Flut
Die Musik der Berge
Botschaften aus dem Mutterleib

Laternen im Wind
zum Leuchten gebracht
mit den Schmerzen der Welt

Mein ungeborenes Kind (Lied) 1975

Mein ungeborenes Kind
Wenn du einmal hören kannst
Hör nicht was die Lehrer sagen
höre die weissen Schwäne schwimmen
höre die Glockenblumen bimmeln
höre das Moos der Wälder wachsen
höre den ersten Regen rinnen
wenn über Dächer, Dorf und Gassen
die Nebel Abendschleier spinnen

Mein ungeborenes Kind
wenn du einmal sehen kannst
schau nicht auf die Kleider der Leute
schaue ihnen auf die Finger
schau auf den Gang des Panthers im Zwinger
schaue dem Mond ins Milchgesicht
wenn Mütter ihre Männer wiegen
entzündet er ein Lebenslicht

Mein ungeborenes Kind
wenn du einmal essen kannst
iss nicht was die Herren essen
iss am Hungertisch der Vergessnen
iss an der Tafel der Verlassnen

trink aus den Tassen aller Rassen
trinke den runden Silbertau
wenn die Sonne ihren Fächer breitet
wie ein riesengrosser Pfau

Mein ungeborenes Kind
wenn du einmal sprechen kannst
sprich nicht wie die Redner reden
sprich wie die Zigeuner ziehen
sprich wie die Tannen sich wiegen
sprich wie die Dinge liegen
sprich wie die Dinge stehen
sprich wie die Sterne schweigen
dann werden Steine dich verstehen

Mein ungeborenes Kind
wenn du einmal gehen kannst
geh nicht wohin die Strassen dich führen
geh den glitzernden Grat der Berge
geh in den verwischten Spuren der Zwerge
gehe auf den Füssen der Freude
reite nur ins Reich deiner Träume
reite auf Wolken, reite im Wind
doch zähme dein Pferd
ohne Zügel und Zäume

Mein ungeborenes Kind
wenn du einmal lieben kannst
liebe nicht nur das Eine
liebe wie Feuer, liebe wie Eis
liebe auf Schwarz und liebe auf Weiss
liebe das Sauerbrot, liebe den Reis
lebe dein Leben leicht wie ein Gedicht
lach deinen Vater aus oder weine
aber liebe nicht nur das eine

Brief ans Leben (Lied) 1980

Das ist ein Brief ans Leben
abgesandt von einem fremden Stern
ein Brief ans Leben
abgesandt von einem fremden Stern
eine Botschaft aus Licht und Regen
adressiert an dein Gefühl

Du kannst ihn öffnen in Händen halten
als Erinnerung an eine Welt
wo wir vor langem uns schon kannten
als Blume und Schmetterling

Du kannst ihn weglegen ungelesen
zu den Rechnungen und Reklamen
so tun, als sei nichts gewesen
keine Nachricht aus dem All:

«Na eties neredna renie nov sella
nam theis nebel mov stiesnej!»

Überlieferung * 1981

Wenn ich die Lider senke
vor der Anmut dieser Insel

rauh wie Bimsstein
herb wie Karkadetee
und offen bin
dem raschelnden Licht

so
liest mir die Sonne vor
die goldige Zigeunerin
übersetzt
              mir
                    das Leben
aus dem Sanskrit meiner Haut

Der Himmel sagt nichts 1980

Der Himmel sagt nichts
Typisch!
Dabei sieht er alles von oben:
Die Weisheit der Gräser
die sich verbeugen im Wind

Das ginge ja noch
aber die Wolken schweigen
Regenbogenrocker
«Easy Riders»

Und mein Eiland wirft nicht viel ab
gibt keine Geheimnisse preis
ist noch zu klein dazu

Tiefblau der Morgen nach der Nacht
Unruhig die Fledermäuse
Nervös der Olivenbaum
Das Wetter wechselt mit dem Mond
Ein Rabenpaar segelt
durch die strahlende Luft

Ich verstehe nichts vom alldem
kratze mich an der Nase
Oxford oder Cambridge?
Die Eidechse kennt es:
dieses Wetteifern um Prämien und Punkte
Sie zuckt mit dem Schwanz
und äugt in die Sonne
Bescheidenes Tierchen
mit den rot-blauen Tupfern am Hals
Dabei hat es in Oxford Juristik studiert
spricht zehn Sprachen und zwei Dialekte
setzt sich ein für die Rechte von Minderheiten
Eid-Echse

*

Herbst wird es
ewig fallen die Blätter
Doch wer kehrt sie zusammen
häuft einen Kompost?
Das himmlische Kind?
Der Blattwender-Wind?
Der Gärtner mit der Dornenkrone?

Seine Jünger sind unterwegs
im Sattel einer Harley Davidson
mit der Freundin auf dem Rücksitz

Sie reiten in den vier Winden
zwischen Kamtschaka und Koromandel
hauchen Mantras von Mund zu Mund
Musik aus Gitarren: «The answer my friend, is
blowin' in the wind!»

Wir sind alle Zeitpassagiere
im Plätschern der Tage
im Hier und Jetzt verloren
wie Hopfen und Malz

Und der Himmel sagt nichts
schweigt über den Aufenthalt der Vermissten
Om

*

«O sole mio!»
Die Sonne sinkt
überschüttet mit Gold
die Favelas von Rio
die Slums von Quito
die Wellblechhütten von Kalkutta
die Spieler am Persischen Golf

Jetzt aber raus aus den Schuhen!
Barfuss das Dasein durchqueren
Die Wüste unter den Füssen spüren
Im Sonnentempel der Maya stehen
mit fluoreszierender Pupille
Zahn Buddhas berühren in Sri Lanka
den Rüssel heiliger Elefanten

«Deine Heimat ist das Meer
deine Freunde sind die Sterne!»
Die Platte der Sehnsucht
auf dem drehenden Herz

Oh, salziger Passat der Entsagung
Über die sieben Meere segeln
drei Knoten Rückenwind
Ithaka schauen
Neapel sehen
Mekka betreten
Allah ergeben und Amma

*

Den Süden von Amerika entdecken
in Pneu-Sandalen aus Chichicastenango
Die sprechen kein Spanisch – aber Aymara

Das lernst du nicht in der Schule
in wandtafelschwarzer Angst
Auf freiem Feld die Trigonometrie der
Hoffnung erfahren
Sackhüpfen der Seele
Spiele ohne Grenzen
Im Fussballmatch am Pfingstmontag
im Sankt Jakobsstadion in Basel
1:0 für die Ticket-Verkäuferin
mit dem unehelichen Kind

Jede Woche ist Sonntag
doch die Sonne scheint nicht jeden Sonntag
und der Mond so rund, so fern
Wo führt das nur hin?

Der Himmel sagt nichts
ob Stadthimmel oder Landhimmel
Nur die Preise fürs Fleisch steigen
Demonstranten demonstrieren
für nichts und wieder nichts
Knüppel aus dem Sack
Blut, Steine und Scherben

Doch das geht mich nichts an
ich heisse Hans-im-Glück

Oder geht das Nichts mich etwas an?
Wie eine Wunde, die nicht vernarben will?
Ein verlorenes Liebesspiel?

Wo gehen die Seufzer hin
wenn sie dahingeseufzt sind?
«They go, where the four winds blow»
Wo gehen die Gedanken hin
wenn sie dahingedacht sind?
Wo steckt die Angst vor dem Wolf
wenn das Märchen von
Rotkäppchen erzählt ist?

*

Die Sahara dehnt sich aus
Die Nomaden wandern
unterm Kreuz des Südens
Karawanen von Dürre getrieben
Kinder mit entzündeten Augen

Der Tod kommt nachts
mit einem Chronometer am Handgelenk
in einem grünen Mantel aus Merfen
Die Zeit ist um
doch der Tod sagt nichts

Er kennt es: dieses Zusammenfahren
die Angst vor dem kohlschwarzen Rappen
Auch der Himmel sagt nichts
er verschweigt, wo der Storch die Kinder holt
und wieso die Tannen immer grün sind

Ist das etwa fair den Buchen gegenüber?
den Kurden und Kambodschanern?
Trinken alle nur Wasser und
strecken sich nach dem Licht
haben ein Recht auf Entfaltung

Auch das Licht schweigt
Es ist unsichtbar und
hält sich raus aus dem Zwist der Welt
So wie die Eule im Geäst der Nacht
wie die Frau Holle im Holunderbusch
Das war schon immer so

«Geh den Weg der weissen Wolken!»
sagte Swami Yogananda
Seit er zu einer Wolke wurde
schweigt auch er

Im Schlummern zur Kuh werden *1981

Im Schlummern
zur Kuh werden

Mit Kindermund
Den Mississippi hinabtreiben
neuen Traumstreichen entgegen

Auf Zehenspitzen
die Luft bewohnen
Den Honig wahrnehmen
im nahenden Sommer

Herzlings
ins Blaue sinken
den Gedanken davon

Ins Zweistromland
zwischen
noch und nie

Wenn ich 1984

Wenn ich deine Stimme einfangen könnte
die weisse Taube

Wenn ich dein Wesen ergründen könnte
den tiefen Ozean

Wenn ich deine Haut durchqueren könnte
die zärtliche Grenze

Wenn ich dein Herz erreichen würde
den goldenen Tempel

Kosmischer Strolch (Lied) 1978

Ich bin ein Kapitän versunkner Schiffe
ein Liebeskranker der den Mond besingt
Ich sammle leidenschaftlich Sonnenstiche
und alles was kein Geld einbringt

Ich bin ein graues Staubkorn in den Anden
das einen grossen schwarzen Vogel liebt
und bin der blinde Bettler von Benares
der über sich – blauen Himmel sieht

Ich kenne alle Schaf- und Katzensprachen
spür jeden Wetterwechsel in den Knien
doch dann fühl ich mich leer wie eine Wüste
muss vor dem eignen Schatten fliehn

Bin ich etwa ein herrenloser Engel
der unsichtbar auf deiner Schulter sitzt
und seine Flügel aufspannt wenn es regnet
und dich vor bösen Blicken schützt?

Ich bin ein Findelkind vergangener Zeiten
ein namenloser kosmischer Strolch
Das Einhorn trägt mich durch die Ewigkeiten
auf unsrer Fährte trabt der Märchenwolf

Besser einen Baum pflanzen

Es wird so viel gesagt
Die Zeitungen
verstummte Bäume
bedruckt mit Nacht

Besser einen Baum pflanzen
Ein Blatt zum Knistern bringen
einen Mund zum Blühen

Uramatu (Lied) 1986

Mir ist ich hab geträumt
dass du schon vor meiner Geburt
zugesehen hast
du – die älter ist als die Welt

Mir ist ich hab geträumt
dass es deine Gedanken sind
die mich hierher geführt haben
wo ich heute steh

Mir ist ich sein erwacht
in der Traumwelt meiner Stirn
und steh im Weltraum einer Zeit
wahrer als die Wirklichkeit

Während ich den Garten hacke **1989

Während ich den Garten hacke
mit Blick aufs Meer
werden im Gazastreifen
Kinder erschossen
mit Steinen in der Hand

Der Wind
hat eine Mimose geknickt
Die Tamariske
macht gelbe Blätter
Der Aetna rumort
Im Amazonas werden Wälder zu Asche

Wieso erschreck ich
wenn ich auf eine Schnecke trete?
In China werden Studenten niedergewalzt

Warum kann ich nicht in Ruhe
meine Rosen hochbinden
während der Papst in Indonesien
ein Bäumchen pflanzt?

In der Einsamkeit

In der Einsamkeit
bringt ein rotes Auto
Farbe
ein fallendes Eukalyptusblatt
Glück

In der Einsamkeit
machst du Yoga
unter Bienen und Ameisen

In der Einsamkeit
hörst du Stimmen
drehst dich um
nach der raschelnden Echse

In der Einsamkeit
denkst du an Mutter
ans Bad im Zuber aus Zink

In der Einsamkeit
fährst du durch Albträume
wie tiefe Tunnels

In der Einsamkeit
brichst du auf
zur langen Reise
vom Kopf
zum Bauch

In den Tag geschrieben **1991

Weit bin ich herumgekommen
Topolobambo und Anamur
sind Vororte des Herzens
Ketschua und Eoliano Volksmusik

Weit bin ich gefahren
auf der Suche nach dem freundlichen Leben
den Sechsten Sinn
ausgerollt wie ein Segel
Lang hab ich gebraucht
um Amis abzuschütteln und Amöben
Die Müdigkeit hat mich stark gemacht

Jetzt bin ich da wo ich bin:
In dieser Grotte
auf dieser Insel
arm wie Franz von Assisi
Zurückgekehrt zu einem Stuhl
einem Tisch
zu Linsen und Pfefferminze
zu Erde und Licht

Weit bin ich herumgekommen
Jetzt bin ich da wo ich bin

Die Sonne **1990

Prasselnder Pol
der zenital aufsteigt
Gesänge streut
Blumen anzündet
schwindet
und
über Nacht
sagenhaft
sacht
die Herzen holt
und bindet

Der Schatten des Baumes **1991

Der Baum hat Wurzeln
im Himmel und in der Erde

Mit grünen Adern
und einem Herz aus Holz
gehört er sich selbst

Wer in seinem Schatten steht
dem singen die Blätter

Wer seinen Schatten stiehlt
den tötet die Sonne

Im Abend vor meinem Haus **1991

Wiederum hat mich die Einsamkeit
an ihren Tisch geladen
In runden Schalen ruhen
die Früchte der Jahre

Wieder muss ich trinken
aus dem überschäumenden Becher
der Sehnsucht

In der Tafel funkeln
die Sterne des Südens
Im Abend steht gross dein Gesicht

Eine Kanarische Palme hab ich gepflanzt
In ihrem Schatten werd' ich einst sitzen
sinnen wie heute – warten wie jetzt
und trinken aus dem überschäumenden
Becher der Sehnsucht

Die Möwen noch von ferne
werde ich ziehen sehen
hoch über mir die Sterne
und im Abend vor meinem Haus
wird gross dein Gesicht aufgehen

Hart aber wahr (Lied) 1988

Von vielen Sonnen braungebrannt
sitzt er im Café
ein Mann vom Scheitel bis zur Sohle
gut gekleidet und charmant

Und doch ist etwas nicht mehr ganz
wie noch vor ein paar Jahren
in seinen Augen fehlt der Glanz
und grau wird's in den Haaren

Hart aber wahr, dass alles was mal war
jetzt nicht mehr ist
Hart aber wahr, dass all das vergangen ist

Er raucht den Duft der weiten Welt
rührt in Erinnerungen
Rio, New York und Paris
kennt er wie seine Lungen

Breit lehnt er sich im Stuhl zurück
wie Männer in Sizilien
wenn sich ein Liebespärchen neckt
und sein Bier bitter schmeckt

Hart aber wahr, dass alles was mal war
jetzt nicht mehr ist
Hart aber wahr, dass all das vergangen ist

Von vielen Sonnen braungebrannt
sitzt er im Café
hat sich ein Lächeln aufgebaut
doch innerlich liegt Schnee

Denn da ist etwas nicht mehr ganz
wie noch vor ein paar Jahren
als hätte er sich unterwegs
von Frau zu Frau verfahren

Geister sind wir 1998

Geister sind wir
Wanderer auf der Erde
Ableger des Lebens im Universum
gefüllt mit Wasser
gebettet in Luft
gezeugt im Klima der Lust
den Tieren nachempfunden

Geister sind wir
Haben das Geld erfunden
und einen strengen Gott
Haben den Globus mit Strom umwickelt
mit dem Gequäke unsrer Stimmen

Nur manchmal
senkt sich ein Vorhang aus Nacht
über die Welt
und die Stille flüstert:

Wo kommst du her?
Wo gehst du hin?

Das Ur 2017

Im Zeigersinn der Uhr
beim Urteil im Gericht
im Urwald und im Flur
Es weiss nicht
dass es ist

Es ist einfach nur
im Ursprung
der Natur:
das Ur

Ich wollte nie zu denen gehören

Credo aus «Hippie-Härz»

Ich wollte nie zu denen gehören
die ihre Träume verraten
Ich wollte nie einer werden
der weiss wo er hingehört

Ich wollte die Welt
umkreisen als Kind
der Sonne gehören
dem Wind

Dann und wann
eine Freundin haben
eine Nacht lang wie ein Leben
und beim Erwachen
die Weisheit der Bäume spüren

Zwischen Meer und mir 2013

Noch schlafen die Eidechsen
der Winter ist ein altes Haus
Der Frühling geht schon ein und aus
die Bienenfresser pfeifen
die Sonne lacht

In der Palme
vor 30 Jahren gepflanzt
baut die Blaumerle ihr Nest

Von wenig lebe ich hier
zwischen Meer und mir
von Wasser, Luft und Licht

Meine Zitronen schmecken süss
und das ist unermesslich viel

Im Auge vom Königsfalken 2021

Ich bin der Königsfalke
aus Madagaskar
Habe Afrika durchflogen
Nun raste ich in der Agave
auf dieser kleinen Insel
baue mein Nest

Im Garten steht das Mensch
schaut zu mir hoch
Es haust hinter Wänden
schläft in einer Höhle
trinkt Wasser
pflanzt Bäume

Am Morgen streckt es sich zur Sonne
zählt die Früchte im Zitronenbaum
als wären es Sterne
Es staunt hinüber zum Vulkan
und umarmt den Baobab

Es tanzt mit dem Falter
rund um den Erdbeerbaum
Es schneidet Palmwedel
für sein Dach

Gestern hat es eine Eibe gepflanzt
mit einer keltischen Seele
Heute steht es beim Flammenbaum
und bittet um Regen

Was ist das Mensch doch
für ein komischer Vogel…

Odysseus 2.0 2021

Inseln im Wind
Im Reich des Äolus
Vulkanfeuer und Wellenspiel
die Sterne
Seufzer der Schöpfung

An der Küste aus Lava gebaut
hocken Männer auf Basalt
kauern Frauen am Strand
das Handy zur Hand

Wen rufen sie an?
Hier wo alles zu dir spricht:
die Felsen, die Wellen, der Wind
Sogar der Ginster
kennt deinen Namen

Stein sein
eins sein
am Ohr der Dinge
wie Odysseus
einst

Der Alte im Zug 1991

Der Alte im Zug ist 90
Er sitzt mir gegenüber
und fährt von Sizilien
nach Deutschland

Er schneidet sich ein Stück Brot
Dazu braucht er fünf Minuten
oder
sind es fünfzig Jahre?
Und bei Ankunft des Zuges
im Jahr 2041
sitze ich an seiner Stelle
und du
liest diese Notiz

ENDE

Legende

*1981 aus «Wer den Wind vernimmt» Verlag Sauerländer, beim Autor erhältlich

**1991 aus «Ohrenblicke» Buchhandlung H. Weyermann, beim Autor erhältlich

Roland Zoss | Die Insel hinterm Mond
preisgekrönte Erzählung, 1992

Roland Zoss | Songs bei Spotify

Mundart für Kinder www.chinderlied.ch
ABC Xenegugeli www.abcdino.swiss

Roland Zoss | Musiker & Autor

In Deutschland zählt er zu den grossen
Songpoeten, mitunter mit der deutschen
Version von Leonard Cohens »Susanne».
Im Mittelmeer schuf er ein Schweizer
Mundart-Universum in Hörspiel und Lied.
«ABC Dino Xenegugeli» gilt heute als Lern-
App-Klassiker.
Geboren in Bern komponiert der Autor auf
den Äolischen Inseln u.a. Songs über Bäume,
die er pflanzte: www.baumlieder.ch

Belletristik & Poesie
2025 «Paradisola» Inselgedichte
2025 «Z Bärn im Rosegarte» Mundartpoesie
2025 «Kinder und Könige» Gedichte & Lieder
2024 «Die Geburt der Tage» Kurzgeschichten
2023 «Formica» Fantasy-Erzählung
2021 «Hippie-Härz» Musikroman & Hörbuch
1992 «Die Insel hinterm Mond» Erzählung
2. Auflage, Literaturpreis der Stadt Bern

Gesamtwerk: www.rolandzoss.com
Tier-ABC Xenegugeli: www.abcdino.swiss
Baumlieder: www.baumlieder.ch
Porträt bei Linkedin